AF224651

LETTRES

D'ICILIUS

Sur les éloges donnés au ministère.

1829.

Se trouve à Paris,

CHEZ DENTU, LIBRAIRE, PALAIS-ROYAL.

VERSAILLES. — IMPRIMERIE D'ALLOIS,
avenue de St.-Cloud, n° 3.

SIXIÈME LETTRE

D'ICILIUS.

Ce qu'on a fait pour le Ministère.

> Un bon gouvernement ressemble au palmier,
> qui met à l'ombre ce qui l'entoure, et qui reste
> exposé à l'ardeur du soleil.
>
> (Un POÈTE INDIEN.)

En sortant du palais Bourbon, l'année dernière, vous aviez laissé au ministère une tâche glorieuse et des forces pour l'accomplir; une autorité libre dans son action, avec un milliard de budjet et trente millions de crédit; la paix au-dedans comme au-dehors, deux lois sages de plus, votre confiance et vos conseils.

Une destinée heureuse avait accueilli le ministère à sa naissance : il remplaçait des hommes réprouvés dont les fautes, qu'il réparait sans peine, pouvaient lui servir de leçons, et d'avance le faisaient aimer.

VI⁰ Lettre.

La seule condition qu'on lui imposait était le maintien de cette charte qui avait acquis de nouvelles forces contre une faction qui perdait les siennes.

Il recevait de la royauté cette force que donne un roi sage aux ministres qui la lui rendent par la justice.

La faction, qui d'abord avait craint l'arrivée des doctrinaires, avait salué le ministère comme un sauveur qui écartait un ennemi.

Les chambres n'avaient point eu pour lui de paroles amères ; leur facile indulgence avait mis à l'adresse de la monarchie les services rendus aux triumvirs par plusieurs des nouveaux ministres ; ce qu'ils devaient à M. de Villèle, elles l'avaient excusé, ou plutôt oublié comme eux.

La patrie, confiant sa fortune au vaisseau des nouveaux pilotes, pour prix de leur courage à braver quelques tempêtes, leur promettait la gloire et son amour.

Aucune de leurs demandes n'avait éprouvé de refus, et beaucoup de leurs désirs avaient été prévenus.

M. de Martignac, comme s'il fût arrivé de l'exil, avait prié qu'on lui laissât le temps, avant de rien changer, de faire connaissance avec son administration : on avait exaucé ce vœu de l'homme nouveau.

M. Feutrier, qui sollicitait pour les séminaires une aumône de douze cent mille francs, avait remporté les douze cent mille francs de sa quête parlementaire.

La diplomatie, la guerre et la marine, en retour des alliances des armées et des flottes qu'elles nous montraient en perspective, avaient de suite obtenu le maintien de leurs budjets actuels. La majorité constitutionnelle, en faveur d'un ministère qui n'avait rien fait pour elle, avait ajourné des réductions réclamées de toutes parts au nom de la justice et du salut commun.

Ni le ministre de l'instruction publique n'avait été jugé sur l'avancement qu'il avait reçu de l'ancienne administration, ni celui de la justice sur le ton de ses premiers discours à la chambre.

L'espèce d'opposition que le ministre du commerce avait rencontrée pour la formation de son budjet, était sans importance et n'avait pas eu de suite.

Le ministère entier, entouré d'égards et de prévenances, avait la confiance du Roi, qui l'avait choisi; l'appui des chambres, où il trouvait une majorité fidèle; et les vœux du pays, que sa formation avait délivré.

Nul autre, avant lui, n'avait eu autant d'alliés, une position meilleure, et des ennemis plus faibles.

Héritier d'anciens serviteurs que la couronne avait sacrifiés au besoin du pays, le ministère s'offrait à nous comme un témoignage de la bonté du prince ; son bonheur voulait qu'il nous fût arrivé comme un bienfait, et qu'il eût droit à nos respects par le sentiment qui avait porté le prince à l'appeler.

Avec toutes ces forces, qu'il eût doublées en les déployant, le ministère n'avait plus à prévoir ni difficultés ni périls ; sa prudence, c'était l'audace : appuyé sur la France, et servi comme à souhait par les événemens, il pouvait décréter la victoire.

Il lui eût suffi de croire à sa fortune pour la rendre inébranlable ; avec cette foi vive qui donne la puissance des œuvres, le ministère nous replaçait en Europe sur les hauteurs, et, par l'usage même de son pouvoir, en assurait la durée.

Ce qu'a fait le Ministère.

La descharge du mal n'est pas guarison s'il n'y
a en général amandement de condition; la fin du
chirurgien n'est pas de faire mourir la mauvaise
chair, ce n'est que l'acheminement de sa cure; il
regarde au-delà, d'y faire renaistre la naturelle et
rendre la partie à son deu être.

(MONTAIGNE.),

Le ministère a fidèlement dépensé votre argent;

Mais, du reste, toute sa gloire est d'avoir obligé l'ancien régime à faire halte : il a suspendu le mal; il ne l'a pas détruit; rien de lui n'a été ou grand, ou hardi, ou national; il a comme voulu esquiver le péril, au lieu de lui faire face hardiment. Dans sa marche tortueuse; il s'est glissé à travers les obstacles; il n'a su ni écarter les uns, ni briser les autres; il a choisi, il est vrai, la voie légale, mais l'autre voie était peu sûre pour lui; son choix est-il d'affection ou de prudence? On l'ignore. Pour juger le pilote, attendons l'orage; et si jusque-là la direction est bonne, disons seulement que le pilote a bon vent.

Il lui a fallu six mois de réflexions pour oser

décimer l'état-major des triumvirs ; mais après ce trait de hardiesse, qui avait épuisé toute sa provision de courage, il est rentré dans son repos.

Quand il s'est agi de pourvoir aux vacances, le ministère, oubliant la France, a renfermé ses choix équivoques dans le cercle étroit d'une coterie.

Son zèle à réparer quelques abus perdus dans la foule, n'a été qu'un moyen de sauver le système vicieux qui les produit tous.

Après une année, la pairie, le conseil privé, le conseil d'état, les ambassades, les préfectures, les diocèses, les colléges royaux, sont encore les mêmes.

L'administration, telle que nos triumvirs nous l'avaient faite, est demeurée debout. Le ministère ne l'a quelque peu changée que pour la raffermir; ses réformes ne sont point un commencement de démolition, mais des réparations faites à l'édifice pour le conserver.

C'est seulement contre les séminaires qu'il s'est senti du courage, et dans cette guerre qu'il avait tort de faire et qu'il a mal conduite, il a été vaincu par les évêques ; les évêques l'ont forcé de renier le principe qu'il avait posé contre eux ; ils l'ont contraint d'appeler au secours de ses ordonnances cette même autorité spirituelle qu'il déclinait en les rendant.

Occupé à soumettre des hommes qu'on pouvait persuader, le ministère n'a point songé qu'il y avait d'autres guerres à craindre.

Où sont nos armées pour attaquer? nos places fortes pour nous défendre? nos vétérans si nous sommes battus? Le ministère a-t-il rendu à la France sa flotte d'Anvers? a-t-il rempli nos arsenaux pillés, au mépris des conventions, par nos alliés? a-t-il remplacé les canons laissés en Belgique? Quels sont ses travaux patriotiques? qu'a-t-il fait de son pouvoir, de son temps et de nos trésors?

Ne dirait-on pas que M. de Martignac a trouvé nos gardes civiques organisées, et qu'il a droit de se plaindre, comme Alexandre, que Philippe ne lui ait rien laissé à faire?

Ces mêmes ministres qui n'ont point su préparer la guerre, ont pourtant compromis la paix.

L'ancien ministère, pour hâter le triomphe des idées monarchiques, avait fait la guerre d'Espagne; celui-ci, pour la gloire des idées libérales, a fait la guerre de Morée. Je ne vois pas trop quel service le premier a rendu à la monarchie, et le second à la liberté; mais je vois, sans peine, le mal que tous deux ont fait à la France.

e ministère, par son expédition, a secondé

les vues de la Russie, que son éloignement nous empêche de craindre, et il a offensé une puissance qui est à nos portes.

Il a, sans raison, affaibli nos armées, compromis nos relations diplomatiques, et accru nos dépenses; il a, comme à plaisir, cherché les périls, et, par sa conduite, il s'est ôté les moyens de faire la guerre en la provoquant.

Il s'est chargé lui seul d'exécuter le traité du 6 juillet, c'est-à-dire, qu'à nos frais et sans profit pour nous, il s'est chargé d'une mission utile à nos rivaux de St.-Pétersbourg et de Londres.

Il a aidé aux Russes à venir en Turquie nous menacer de plus près; il a prêté nos soldats et notre or aux Anglais, qu'il laisse se réserver pour la fin de la discussion.

On ne sait pas à qui des Russes ou des Anglais profitera l'expédition de Morée; mais la France en payera les frais, cela n'est pas douteux.

La guerre d'Alger n'a été ni plus sage ni plus heureuse. À l'imprudence d'attaquer sans nécessité, le ministère a joint le malheur d'attaquer en vain.

Je ne songe point à blâmer notre diplomatie, on me dirait sans doute :

Il faut bien que nos ministres des affaires étrangères soient des hommes de génie, puisqu'arrivés de suite au poste le plus difficile, ils n'ont aucun besoin de ces études préparatoires qui seraient si nécessaires à des hommes ordinaires.

Une grande preuve du bonheur avec lequel sont choisis les ministres de ce département, c'est que ces choix plaisent d'abord aux étrangers.

Si les autres membres du cabinet ministériel sont presque toujours des hommes étrangers à la science diplomatique, on en voit assez la raison; c'est que le ministre des affaires étrangères est assez supérieur pour n'avoir aucun besoin des lumières de ses collègues.

Deux ministères nouveaux ont été créés; s'il est vrai que les lumières et les richesses soient les deux grandes forces des sociétés modernes, les deux ministères du commerce et de l'instruction publique ont une importance facile à sentir. Mais :

Une chose a manqué au ministre du commerce, c'est un ministère.

L'industrie agricole, manufacturière et commerciale, les haras, les canaux, les routes, les douanes et les consulats sont des membres épars de son administration, que se partagent les autres ministères, et qu'il devait réunir pour en composer le sien.

Chef actuel d'un ministère futur qu'on a bien

décrété, mais qu'on a oublié de faire, M. de St.-Cricq est un roi en disponibilité qui attend un royaume; son travail est un travail en perspective; c'est en projet et comme en idée qu'il administre.

Aussi ne faut-il point lui demander s'il a fondé au-dehors, dans nos colonies ou ailleurs, de nouveaux établissemens de commerce, s'il a ouvert à nos produits de plus larges débouchés, s'il a formé quelque alliance industrielle, ou créé pour la France quelqu'un de ces grands moyens de fortune qui ont fait de l'Angleterre la reine du monde commercial; il vous répondrait qu'il n'a rien fait, qu'il n'a rien pu faire, et qu'il a charmé ses loisirs par une enquête sans résultat.

L'inertie du ministre de l'instruction publique n'a guère été moindre; ce qu'il a dit de sage, il ne l'a pas fait; ses pensées ne se sont pas changées en actions; on lui doit de beaux discours, peu de mesures utiles; les recteurs reçoivent bien de lui l'ordre verbal mais non les moyens d'encourager l'instruction primaire.

Des circulaires, quelques bon choix, le maintien de réglemens, une apparition dans chacun des colléges de Paris, tout cela est bien, mais n'a pas suffi sans doute pour rendre l'instruction nationale.

Le ministre n'a réformé ni ceux qui enseignent, ni ce qu'ils enseignent, ni la manière dont ils enseignent. Les colléges ont gardé les professeurs, les méthodes et les livres de l'empire; l'administration est encore toute industrielle; beaucoup de chefs sont encore chargés de surveiller un enseignement qu'ils ne pourraient donner. Nulle part la jeunesse n'apprend à connaître les lois et les institutions de son pays; Paris, presque seul, a des professeurs d'histoire; l'instruction religieuse est demeurée sans plan et bien souvent sans force; ni ceux qui veulent professer n'ont encore d'école normale, ni ceux qui professent l'indépendance légale, ni ceux qui ont professé leur pension ancienne, rien n'est changé essentiellement dans l'université, où je ne vois ni plus de liberté, ni plus de lumières, ni plus de religion.

L'expédition de Morée, la prise de quelques barques Algériennes, le renvoi des jésuites, le changement de cinq préfets, de deux directeurs-généraux, la mise en retraite de MM. Dudon, Franchet et Delavau, l'affaire des petits séminaires, l'admission au conseil d'état de MM. Bertin-de-Vaux, Salvandy: voilà les grands événemens de la vie du ministère.

C'était pour voir plus tôt ces belles choses que la France changeait ses députés et le roi ses ministres; voilà le prix de son sacrifice et de nos efforts; voilà enfin dans quelles concessions s'est résumée la sagesse ministérielle.

Hommes trompés (c'est aux députés que je m'adresse), attendez-vous d'une semblable politique le salut de la patrie? croyez-vous que le ministère actuel ait su rendre impossible le retour des triumvirs? les fautes réparées sont-elles les seules que vous ayez signalées? Hommes du pays, le croyez-vous sauvé?

La foule obligée des flatteurs ministériels, grossie de quelques volontaires, porte aux nues les nouveaux ministres; mais s'il en est parmi eux qui soient sincères, ils doivent se dire, comme Louis XV malade à Metz : Qu'ai-je donc fait pour être ainsi aimé?

Que doit-on faire?

RICHELIEU.

Bien m'a pris de suivre ton conseil, cette hardiesse m'a réussi.

LE PÈRE JOSEPH.

Je vous avais bien dit que vous n'étiez qu'une poule mouillée, et qu'avec de la fermeté vous rétabliriez vos affaires.

Un préfet destitué il y a quelques années, fut se plaindre à l'un des ministres : « Monseigneur, lui dit-il, j'ignore ce qui a pu déterminer votre collègue à m'ôter ma préfecture; je quitte un département paisible, où les partis commençaient à s'entendre. » — « Hé, sacrebleu! s'écria son excellence, il ne s'agit point de réconcilier les partis, il en est un qu'il faut écraser. » Or, le parti que voulait écraser monseigneur, vous savez que c'est le vôtre.

Ce qu'on n'a pu faire, on le fera si vous en laissez le temps ; ni les sentimens ni les vues de l'opposition ne sont changés ; et la charte, qui se voit encore entourée d'ennemis, nous demande où sont ses armes.

Les jours d'action sont arrivés.

Mais, dira-t-on, pourquoi troubler par une attaque violente l'heureuse tranquillité où nous sommes ? l'animosité des partis s'éteint, la modération qui préside aux conseils des ministres affermit par degrés l'ordre et la liberté ; laissez au temps achever leur ouvrage, et sans trop presser une administration sagement timide, acceptons le bien qui nous est donné comme un moyen d'arriver au mieux qui nous est promis.

Je n'ai point à examiner jusqu'à quel point cette peinture est fidèle; mais si l'état présent de la France est si heureux, pourquoi ajourner des mesures qui le rendraient durable? pourquoi nous contenter d'une liberté par intérim, si nous pouvons garantir sa durée? pourquoi, si la paix actuelle est si douce, laisser à nos ennemis les moyens de recommencer la guerre?

Le ministère actuel, j'en conviens sans détour, n'a point continué l'ouvrage de la congrégation; mais cet ouvrage interrompu, le ministère l'a laissé debout, et, comme par attention pour ceux qui doivent l'achever un jour, il en a gardé les ouvriers.

Il y a péril à nous croire déjà hors de péril, nos institutions ne sont pas achevées, la liberté n'est point fondée : il est parmi nous des hommes qui la redoutent, il en est qui la haïssent; il en est qui la subissent comme un malheur; beaucoup d'insensés ou de méchans ont juré sa perte; ils attendent, pour y travailler, l'occasion favorable que fera naître notre indolence, et c'est contre nous qu'ils profiteront des ménagemens que nous aurons eu pour eux.

Dirai-je que déjà leur conduite est hostile, que partout ils nous sont obstacles, embarras et dangers, qu'il n'y a sortes d'accusations qu'ils nous épargnent, que nous avons des ennemis partout où ils dominent, et qu'il y a quinze jours, ils nous ont fait trembler.

Le ministère lui-même, par son inaction, défend leur cause et trahit la nôtre; son refus de réformer les abus est une protection qu'il accorde aux hommes de l'ancien ministère; car ce qui existe a été établi par eux et pour eux; ce qui existe est précisément ce qui a causé nos plaintes. Maintenir l'état présent des choses, c'est prolonger la durée du système déplorable après la mort même de ceux qui l'ont fondé.

Est-il sage à nous de demeurer en paix avec ceux qui nous font ainsi la guerre, et devons-nous leur laisser l'avantage de nous attaquer sans qu'ils aient à redouter nos attaques?

Le ministère n'a pas droit à notre patience; il y a sagesse à le forcer d'agir et de sauter le Rubicon qu'il n'a pas voulu passer.

Vainement effrayé de la mission qu'on lui donne, il nous en montre les difficultés, et se plaint de nos instances. Dites-lui, dans le langage de Bossuet : Marche, marche. — Laissez-moi, dit-il, déjouer cette intrigue, écarter ce rival, attirer à moi cette fraction de la chambre haute; donnez-moi du temps. — Marche, marche. — Mais la route où vous m'engagez, frayée à peine, est traversée par des abîmes où ma chute est pour ainsi dire inévitable. — Marche, marche.

Trève à des promesses si souvent trahies. Arrière ces hommes qui ne croient pas encore la France digne de la liberté, et qui se croient tout de suite dignes de la gouverner.

Assez de ministres ont perdu à faire le mal le

temps qu'ils avaient pour préparer le bien ; la liberté ne doit pas plus s'ajourner que la justice ; le service militaire, les impôts, l'obéissance aux lois, sont pour nous des obligations actuelles. C'est présentement que nous remplissons nos devoirs de sujets, et le gouvernement qui reçoit aujourd'hui nos services, nous doit aujourd'hui aussi cette liberté qui en est le prix.

Le présent est un sot quand il s'oublie ; gardons-nous de compter sur l'avenir, l'avenir est un menteur.

On dit : Le ministère est faible.

Cette faiblesse du ministère, invoquée comme titre à des ménagemens, me paraît une raison nouvelle pour l'attaquer de suite. Hommes de la constitution, qu'attendez-vous pour fonder la liberté ? Une occasion favorable, sans doute ? et quel autre nom donner au temps où nous sommes ? Hé ! sans doute ! la voilà cette occasion souhaitée ! L'ennemi est chassé des positions qui faisaient sa force ; il n'a pour se couvrir, dans sa retraite, que les secours d'un ministère faible ; c'est le moment de sonner la charge et de les attaquer tous deux. La guerre où nous marchons est, d'ailleurs, un mal nécessaire ; nos ennemis ne sont ni apaisés ni vaincus, leur résolution est prise de nous attaquer ; il n'y a d'incertitude que sur le moment d'un combat, par lui-même inévitable. Pourquoi vouloir que nous sacrifiions au vain espoir d'une paix impossible, l'occasion présente d'une victoire assurée et qui serait décisive?

Quoiqu'aujourd'hui plus faible que jamais, l'opposition est un péril; n'attendons pas que son règne arrive.

Immobile et silencieuse, elle observe; le bruit de sa mort, qu'elle accrédite, écarte avec l'idée de péril, l'idée de précaution. Mais, vienne un jour favorable, vous la verrez, déployant son drapeau, se relever terrible, et, debout près de l'autel, vous demander compte de vos mépris pour elle.

On dit: Le ministère a fait d'utiles concessions, et, s'il tombe frappé par les amis de la constitution, la faction peut succéder à son pouvoir et le tourner contre nous.

Vaine terreur.

Le bras qui peut renverser un ministère faible, sait aussi tenir à distance un ministère ennemi.

Sur quoi faut-il attaquer le ministère?

On sait de reste combien le conseil privé, le conseil d'état, l'administration et son personnel, l'institution des juges-auditeurs, la composition de l'armée, les gardes nationales, etc., etc., etc., sont des points vulnérables.

Portons ailleurs notre attention.

1° Rien n'est prévu sur la régence.

2° L'hérédité de la pairie n'a d'autre appui qu'une ordonnance.

3° Si l'article 14 de la charte n'est pas éclairci, il peut s'interpréter au profit des coups d'état.

4° La perpétuité de nos institutions n'est point garantie par une éducation nationale.

Nous sommes encore hors de la charte par la septennalité.

Sous presse :

VIIe LETTRE.

Éducation nationale.
Pairie.